Globalifóbico

Crónica de la tortura y encarcelamiento en México

Dedicado a todos los presos políticos del mundo, los que están o han sido encarcelados injustamente, por tan solo defender la verdad y su derecho.

Eran las dos de la tarde del día 26 de mayo del año 2004.

Estábamos en la ciudad de Monterrey, esa ciudad que a cada verano arde, el sol penetraba cada poro de la piel, las personas que caminaban sin rumbo, se refugiaban bajo la sombra de los pocos árboles que hay en la ciudad.

Karla quedó en llegar a las dos y media, es por eso que ya la esperaba con ganas de poder abrazarla, ella sabía que me iría de viaje y vendría a despedirme.

Bryan llegó antes que ella a la casa de Xandra Xaavedra, donde yo vivía, nos bebimos una cerveza y hablamos un poco, él siempre me estaba insistiendo que no viajara, que me quedara en Monterrey, pero cuándo se es joven, es más fácil tener una mentalidad subversiva y los principios de la rebeldía, me instaban a estar allá, allá donde irían los activistas.

No viajaría solo, conmigo iría Harold, una persona que gracias a su interés en las causas sociales, se convirtió en un amigo en muy corto tiempo, su interés en la política y en las demandas de los ciudadanos, me parecieron muy interesantes y amables de su parte, pues en una ciudad como Monterrey, no hay muchas personas así.

Al llegar Karla, Bryan se despidió y me siguió insistiendo que no viajara. Karla y yo, nos fuimos a comer al "Neuquén", un restaurante argentino que se encontraba a una cuadra de donde yo vivía, en el Barrio Antiguo de la ciudad.

Ella siempre sonreía, siempre me gustó mucho estar a su lado, me hacía feliz, ella era lo que en ese tiempo necesitaba y nada más, lo era todo, mi inspiración. Al salir del restaurante, nos regresamos a la casa, pues Harold llegaría a las cuatro y media. Ella me acompañó y esperamos juntos, después caminamos los tres hasta la calle Zuazua y Padre Mier, Karla me abrazó con mucho sentimiento, cómo si esa fuera la última vez que nos veríamos.

Harold y yo abordamos un taxi y nos dirigimos al punto de encuentro, donde un autobús esperaría a todos los que esa noche viajaríamos a Guadalajara.

La tarde era calurosa, los policías rondaban al rededor de las calles donde aún esperábamos. No sabíamos cómo es qué se habían enterado, pero ahí estaban, uniformados y vestidos de civil. Poco a poco fueron llegando los jóvenes con quienes viajaríamos, todo era armónico, las sonrisas, los abrazos, el poder escuchar "Me alegra mucho que vengas con nosotros", vayámonos!

Eran las seis de la tarde cuando abordamos el autobús y nos fuimos, viajaríamos entre doce y trece horas hasta la ciudad sede del evento(ALCUE).

Atravesamos la ciudad tapizada de autos, por las calles, la gente se movilizaba más rápido caminando, que nosotros, dentro del autobús, empezamos a cantar las típicas canciones de protesta, los chistes, la convivencia entre los viajantes, era tan efervescente, nos compartimos la comida, nos organizamos en grupos para las diferentes actividades, planeábamos cómo interactuar con los demás asistentes.

Las risas poco a poco fueron mermando, el sueño fue venciéndonos dejando eco en la vigilia que unos cuantos hacían.

Viajar doce horas en un autobús sencillo no es nada cómodo, pero la atmósfera que allí dentro se vivía, hacía que se te olvidara lo incómodo de los asientos. Al final, todos nos quedamos dormidos unas cuantas horas, a veces, el conductor se paraba en alguna gasolinera, para que pudiéramos ir al baño.

Eran las seis de la mañana del día 27 de mayo del 2004, cuando entramos a los primeros metros del suelo tapatío.

Increíble, ya nos esperaban dos patrullas de la policía, nos preguntaron a dónde nos dirigíamos, nos escoltaron hasta otro municipio, donde ya nos estaban esperando otras dos patrullas llenas de policías armados, ellos no nos abordaron, solo nos escoltaron hasta llegar a la ciudad, por su puesto, ahí nos siguieron otros policías en motocicleta y nos fueron abriendo paso, entre todo ese tráfico que padece la hermosa ciudad de Guadalajara.

En cierta forma se veía interesante cómo las patrullas abrían paso al autobús donde viajábamos y me hacía sentir que era importante y que no pasaba desapercibido en una casi putrefacta urbe a la que le han castrado la imaginación y su interés a defender sus derechos.

Cuando llegamos al punto de encuentro, resultó que nos habíamos equivocado de sitio, que no era en "Las vías", es así como le llamaban a ese lugar, nos dijeron que el encuentro sería en un parque ubicado en el centro de la ciudad, así que nos dirigimos al lugar acordado y efectivamente, allí ya había muchas Personas acampando, así que descendimos del autobús y buscamos un espacio donde pernoctaría nuestra caravana.

Todos estábamos cansados por las casi quince horas de viaje, así que descansamos un poco mientras desayunábamos, ya eran como las once de mañana cuando inició nuestra primera asamblea de organización, a algunos nos tocó conformar la comisión de seguridad, que consistía en hacer guardia mientras los demás descansaban, para después relevarnos.

Al parecer, los que conformaron la comisión de alimentos, no tenían nada de experiencia en cocinar, la Soja mal cocinada sabía muy mal y pues la verdad, yo no soy vegetariano así que, Harold y yo, decidimos ir a comer algo en un puesto de comida que estaba cerca del campamento.

Al regresar, las comisiones ya se estaban organizando para ir a "rescatar" a unos compañeros, que estaban siendo atacados por la policía, en el campamento asentado en un parque conocido como "Parque Azul".

Unas cien personas salieron en grupo a su rescate y se las trajeron a nuestro campamento, el cual ya era muy grande.

Era bonito mirar lo que en el campamento pasaba, todo organizado, ni un solo papel se quedaba tirado, la comisión de limpieza y vigilancia, siempre estaban atentos, por su puesto, todos los que ahí estábamos, éramos conscientes del cuidado de nuestro suelo. Había grupos que cantaban, mientras otros preparaban sus pancartas, sus letreros grandes para mostrarlos en la manifestación que se estaba planeando para el otro día, un coro formado por unas seiscientas personas, coreaban al unísono, la canción "Bella Ciao", mientras finalizaba, otro grupo iniciaba la primera estrofa de la canción "El Pueblo Unido".

Poco a poco fueron llegando más personas, en su mayoría jóvenes, había gente de diferentes países, se vivía una armonía impresionante, todos alegres, interactuaban para conocerse y hacer nuevas amistades, sobre todo, porque compartían el mismo interés por una sociedad, que cada vez se convertía en más vulnerable y víctimas de los medios de desinformación.

Todo estaba en orden, Harold quería llamar por teléfono a sus "padres", bueno según él, y yo me moría por llamarle a Karla y escuchar esa voz ronca y a la vez sensual, voz que a mí me transmitía todo, que me calmaba y me inspiraba, la voz de esa mujer a la que amaba yo tanto sin saber por qué, la voz de quien me escucho maldecir y perdonar, la voz de la mujer que me vio llorar y siempre se mantuvo ahí, pendiente y a mi lado, aun cuando no estuviera presente, la voz de la mujer que nunca decía no, cuando le llamaba por teléfono y le decía ven a visitarme.

Ella pintaba conmigo, hicimos varias exposiciones junto a otros artistas, exposiciones, que yo organizaba, con pintores ya conocidos y principiantes.

Aunque ella diría que si, yo no le enseñé a pintar, ella ya podía hacerlo sin haberse dado cuenta, siempre fue mi inspiración, la base de muchos proyectos que emprendí gracias a que ella estaba ahí, no me importaba si me quería o no, mientras yo sintiera amor por ella, era suficiente para continuar.

La llamada no pudo ser contestada y me quedé con las ganas de escucharla.

Nos regresamos al campamento, eran cómo las cuatro de la tarde, el claxon de los vehículos eran aturdidores, la hora pico iniciaba y con ella, también iniciaría el acoso policíaco.

Empezaron a llegar muchos policías antimotines, policías armados, nos rodearon, querían irrumpir en nuestro campamento, nosotros lo impedimos, nos defendimos tan solo con nuestros gritos de libertad y respeto, los que nos encargábamos de la comisión de Seguridad, formamos un "escudo humano", entrelazados, brazo con brazo pusimos resistencia a los más de mil policías que nos rodeaban.

"No a la violencia" coreábamos gritando, resistencia, resistencia, eran los gritos de los jóvenes, mientras ellos nos atacaban con sus macanas y nos insultaban.

Ellos, preparados para atacarnos con sus toletes, gases y armas y nosotros, civiles que protestábamos por mejorar este putrefacto mundo, los cuales algunos vestían tan solo una camiseta con la foto del "Che Guevara", pero ahí estábamos resistiendo las ofensas verbales y violentas de los agresivos policías enviados por su jefe.

No se permitiría el acceso a nuestro campamento, esa era nuestra consigna y la íbamos a defender.

Las horas pasaban y llegaban más policías, y fue como a las once de la noche cuando uno de los funcionarios enviados a dialogar con nosotros, aceptó nuestra condición, que ningún policía uniformado entrara, que se le permitiría el acceso a él, por su puesto, acompañado de unos comisionados de los Derechos Humanos.

Los policías argumentaban que dentro de nuestro campamento teníamos bombas y granadas y es por eso que llegaron a querer entrar.

La situación cambió, la revisión duró hasta casi la una de la mañana, los policías se retiraron, a lo cual les brindamos un irónico aplauso, pues por fin podríamos descansar un poco.

La secuela del viaje en la noche anterior, todavía repercutía en nuestros cuerpos, estábamos cansados.

Esa madrugada, me quedé despierto una hora más, para cumplir con mi encomienda de vigilancia, la verdad, es que jugamos ajedrez un rato, después de ser relevado por otro compañero, me dormí unas cuantas horas, así, hasta despertarme como a las ocho de la mañana, tenía hambre y no quería volver a probar la "comida vegana".

No es que tuviera algo en contra de los veganos, pero es importante que aclare que, me da igual qué es lo que comen las personas, cada uno tiene gustos distintos, pero si alguien llega y me cuestiona por comer carne, entonces les contesto amablemente, sin embargo, si ellos insisten, entonces, simplemente los mando a la mierda.

Tengo hambre le dije a Harold y nos fuimos a buscar un lugar para almorzar algo rico y es qué, si estás en Guadalajara y no pruebas su gastronomía, no sé a qué fuiste. En lo personal a mí me gusta la carne en su jugo, es un platillo típico de la región, pero nosotros no fuimos a Guadalajara a un Tour culinario, sino a exponer nuestras demandas a los políticos internacionales, los amos y señores de todas las atrocidades del planeta.

Yo había participado en otras manifestaciones, incluso, como Artista, a veces me contrataban para crear un performance, pues, cabe mencionar que en mi trayectoria como artista, me convertí en uno de los primeros en introducir el teatro, el performance a las manifestaciones políticas.

Antes nadie hacia eso, era algo nuevo, fue a mediados del mes de agosto de 1997, cuando junto con el periodista Roberto Guillen, nos consagramos como artistas y activistas, en ese año protagonizamos "El víacrusis del obrero" y a partir de ahí, muchos activistas de diferentes estados de la república, nos invitaban a participar en sus eventos políticos o manifestaciones.

Es por eso que me involucré en las actividades de la "lucha social".

Roberto Guillén, era buenísimo ejecutando sus personajes, los cuales no solo se referían a los hechos de injusticia hacia la población, sino también a los atentados culturales.

Harold, quería volver a hablar con su familia, tal pareciera qué nunca había viajado tan lejos.
La verdad es que yo también quería comunicarme con Karla, intenté marcar otra vez a su número de teléfono, pero otra vez no contestó.

La mañana del 28 de mayo del 2004, era cálida, los eventos de los grupos de activistas, ya habían iniciado, en diferentes puntos de la ciudad, Performance, música, un ambiente cultural y político, nada de lo que decían los medios de comunicación era cierto, no teníamos bombas, no teníamos armas, nuestra única arma era la consciencia emanada de las necesidades, de los atropellos policíacos y sostenida por nuestra consciencia, más que por haber leído a Karl Marx.

Nosotros nunca intentamos atacar a nadie, nosotros somos los atacados, nunca pretendemos torturar, a pesar de haber sido torturados, no buscamos hacer una guerra, somos los que luchamos por evitarlas, no tenemos miedo a la globalización, sino que tratamos de demandar las injusticias y atrocidades globales, porque es ahí donde radica el gran problema mundial y que conlleva a un desastre climático y desestabilizad social.

Apenas regresamos de almorzar y los compañeros, ya se estaban organizando para salir al punto de encuentro, lugar de donde partiría la manifestación más grande en la historia de esa ciudad.

Eran casi las dos de la tarde cuando nos fuimos, nos organizamos en pequeños grupos y cada uno tomó rumbos diferentes para agilizar el traslado.

Al llegar a la rotonda "La Minerva" me sorprendió ver a esa multitud de personas rodeando la flamante escultura, un desnudo de una mujer que empuñaba un arco, apuntando al infinito, esa era "La Minerva", de ahí partiríamos hacia la plaza principal de la ciudad.

Los compañeros fueron llegando poco a poco, los coordinadores del orden y seguridad, nos fueron agrupando por Estados, la brigada de Nuevo León, que es en la que yo iba, nos juntamos para extender los letreros que la noche anterior se habían realizado. Había mucha, pero mucha gente, entre ellos, había ancianos que aún permanecían interesados en los temas globales, campesinos, estudiantes, artistas, todos ahí reunidos, asistieron personas de Cuba, Venezuela, Alemania, España, Francia y de muchos otros países, diferentes lenguas y razas, pero con un solo fin, demandar, consensuar, gritar, Ya basta!

La manifestación inició a las cuatro de la tarde, más de veinte mil personas reunidas para manifestarse y unos cinco mil policías armados, los paseantes estaban atónitos, pues jamás en su vida habían visto a tanta gente marchando junta y cantando sus consignas, esos gritos revolucionarios, plasmados en pura poesía urbana, esos miles de personas coreando al unísono "Se ve, se siente, la lucha está presente, aquí y allá, la lucha seguirá".

Es impresionante escuchar eso, cantado por más de veinte mil personas, que habían llegado de muchos lugares.

Los treinta grados de calor, no detuvieron la manifestación, las calles de Guadalajara fueron testigo de la inmensa marcha.

La manifestación más grande a la que había yo asistido, fue la que organizó el FZLN y el EZLN, eso fue en el 2001, cuando aún se podía pensar que, el "sub-comandante Marcos" de verdad era una persona con principios y un luchador social, y no un simple payaso de atracción turística internacional, como lo es ahora.

La manifestación del 28 de mayo del 2004, fue muy diferente, ahí no se alzaban banderas de partidos políticos, sino consciencias humanas llenas de hartazgo e impotencia.

En cierta forma, era divertido ir marchando y brincar protestando, protestar cantando, luchar caminando, el calor era abrumador, así que empecé a repartir agua entre los que ahí marchaban, si se me acababa el agua, compraba yo más y la repartía, en fin, lo más bonito era ser solidario con los compañeros.

La gente parada en las banquetas, nos aplaudían, algunos nos gritaban dando ánimos, otros más, los que iban en sus coches, nos maldecían y ofendían, pero eso no nos importó, seguimos avanzando.

Recuerdo qué al pasar al frente de un edificio de un banco, pudimos mirar que sus empleados se subieron a la azotea, es ahí donde yacía una hermosa chica que desde nuestra perspectiva y con apoyo del viento que nos refrescaba un poco, pudimos ver su esplendoroso cuerpo y todos los que ahí marchábamos, gritamos varias veces al unísono, "Ese apoyo si se ve". Ella, quizás sonrojada, mandó unos besos al aire y nosotros seguimos caminando, fue divertido, quizás si esto se hubiera hecho en la actualidad, automáticamente nos hubieran llamado sexistas, sobre todo, porque la actual sociedad de cristal, la llamada "Última generación", los cuales viven radicalmente sensibles y confundidos y que bueno que son la última, porque otra generación así, sería la muerte.

Al llegar al cruce de las calles Juárez e Independencia, cambio todo, esas sonrisas y consignas, se convirtieron en odio, golpes, gases lacrimógenos, sangre, heridos, Harold y yo salimos como pudimos de ese tumulto y logramos reunir a unos cuantos compañeros de nuestra caravana, tratamos de salir lo más rápido posible de ahí, en el camino, me tocó socorrer a un joven a quien los policías habían golpeado y rociado con gas lacrimógeno, le quité su capucha para limpiarle la cara y sin darme cuenta la capucha que él traía, quedó dentro de la bolsa térmica donde guardaba las botellas de agua que durante la marcha fui repartiendo a los asistentes.

Caminamos por las calles de la ciudad, a nuestro paso, veníamos gente correr, muchas patrullas, el ruido de las sirenas era aturdidor, en las banquetas yacían varias personas tiradas, lesionadas, mirar sus rostros sangrando, causaba terror, apresuramos el paso, nos dirigimos al punto donde nos encontraríamos con los demás, eran como las siete de la noche cuando llegamos al sitio donde ya nos esperaba el autobús que nos llevaría de regreso a monterrey, no planeábamos quedarnos más tiempo, el conductor nos dijo que teníamos que esperar un poco más, pues aún no habían llegado todos los compañeros, así que Harold y yo nos fuimos al puesto de la esquina y compramos unos tacos, esa iba a ser nuestra cena, porque el camino de regreso, iba a ser otra vez largo.

Nos tocó ver cómo el sistema corrupto de los gobernantes de derecha, representados por el Partido Acción Nacional (PAN), fabricaban su estrategia para argumentar la violencia. Infiltraron a la manifestación a personas vestidas especialmente igual, las cuales se les podía identificar por sus cascos amarillos, blancos y azules, esas personas se encargaron de incitar a la violencia y arremetieron contra los policías y comenzaron una ola de vandalismo, esas costumbres, siempre las han ejercido los anteriores gobiernos en México, el espionaje e infiltrar los movimientos sociales, siempre ha sido su arma, la cual siempre ha sido solapada por una iglesia católica, fue así como ellos mismos convirtieron una pacífica manifestación, en una barbarie, es horrible pensar todo lo que han hecho en contra de su pueblo.

El vapor y el aroma de la olla donde el Taquero cocía la barbacoa, hacían que se me antojaran aún más los taquitos, me pedí una orden, y después de rociarles su respectiva salsa, me dispuse a degustarlos y fue en ese momento en el que apenas le iba a dar una mordida a mi taco, cuando siento un golpe en la espalda, un policía armado con su metralleta, me tomó del brazo y a la fuerza me llevó a una patrulla, el plato y los tacos quedaron esparcidos en la calle.

Yo traté de hablar con el policía, le argumenté que estaba escribiendo una crónica del evento, para un pequeño periódico local de Monterrey que se llamaba "El Alacrán" y fue un periódico presidido por Xandra Xaavedra y Ernesto Cervera, uno de los periódicos más leídos, entre las décadas de 1960 y 1970, según lo narrado por el mismo Ernesto, época en la que muchos periodistas de diferentes ciudades del país, fueron secuestrados por el ejército mexicano y llevados a un campo de concentración militar, o cárcel militar, por órdenes del entonces presidente Gustavo Díaz Ordaz, Cervera, fue uno de ellos y uno los pocos sobrevivientes, los demás quedaron registrados como desaparecidos, pero no solo periodistas fueron secuestrados en ese entonces, sino también muchos jóvenes que se identificaban con las causas sociales, uno de ellos fue el hijo de Rosario Ibarra de Piedra, quien a sus escasos 19 años fue acusado de pertenecer a la llamada "Liga comunista 23 de septiembre", En esas décadas de los 60 y 70, fue cuando el gobierno mexicano, acribilló vilmente a muchos estudiantes.

Esto es un poco de la historia de las muchas atrocidades que los políticos corruptos hacen en México, sin embargo nosotros ya no estábamos en ese tiempo, ya estábamos en el 2004.

Los policías no me permitieron terminar de explicarles, me sometieron haciendo uso de la fuerza, una brutal detención, al registrar mis pertenencias, encontraron la capucha del joven a quien horas antes había yo socorrido y de inmediato me subieron a la patrulla.

Fue en ese momento todo se convirtió en una terrible pesadilla, al subirme a la patrulla, me tiraron al piso y el cañón de la metralleta apuntaba a mi cabeza, la cual la pisaba un policía con su bota, presionándola brutalmente, sentía mucho dolor, pero la presión no me dejaba hablar, con la parte de atrás de la metralleta, me pegaban en la espalda, no me podía mover, las patadas que me daban en las costillas, me lo impedían, me trajeron en la patrulla por muchas horas, no sabía qué pasaba, solo escuchaba las voces de los policías y el ruido de las sirenas, me vendaron los ojos, me escupieron, vejaron mi cuerpo y mente, cuando me bajaron de la patrulla, me llevaron a un sótano y cuando me quitaron la venda de los ojos, vi a todos los detenidos, más de cien personas, golpeadas, con heridas que aún sangraban, nuestras ropas estaban todas empapadas de sangre. Me separaron de todos ellos, me llevaron a una cocina y me tuvieron parado durante cuatro horas, con la frente a la pared, sin moverme y si me movía, recibía yo un golpe, mi nariz no dejaba de sangrar, más tarde trajeron a otro joven, también ensangrentado, gritaba de dolor, pues le habían roto una costilla, ahí nos tuvieron mucho tiempo parados, no podíamos hablar entre nosotros y luego, a mí me llevaron a un baño, es ahí el inicio de una verdadera pesadilla, me golpearon aún más, me desnudaron y me golpeaban con una tela húmeda, después un policía se puso mi camisa y empezó a señalar a los compañeros y uno de ellos me dijo que si no me mataban ellos, lo iban a hacer mis mismos compañeros, pues ellos pensarían que fui yo quien los había señalado. Mientras eso pasaba en la sala donde los tenían sentados con la cabeza agachada y las manos sobre ella, a mí me seguían torturando y metieron mi cabeza al inodoro, mientras me golpeaban con telas mojadas, después de que el policía regresó y se quitó mi ropa, me ordenaron que me vistiera y ellos me pateaban, me tiraron al piso muchas veces, mientras me ponía mi pantalón, sobre mi ropa, vaciaron una cubeta con agua y miados, era degradante, después, me mantuvieron de rodillas mirando como los policías tenían a una chica desnuda e introducían sus dedos en su vagina, una chica torturada a la que manosearon hasta no poder, la obligaron a ponerse de rodillas y un policía puso su bota en su pecho y la empujó hacia atrás, después, pasaban sus macanas sobre su cuerpo, sus orines, se mezclaban con la sangre, era demasiado triste sentir esa impotencia de no poder hacer nada y me hacía llorar por dentro, pues llorar con lágrimas en los ojos era prohibido, peor, después me llevaron otra vez a la cocina, ahí otra vez me obligaron a estar de pie y con la frente a la pared.

Alguna vez alguien me comentó qué eso de pararse frente a la pared, es lo que hacían los maestros rurales, cuándo un niño se portaba mal, sin embargo quienes me obligaban a hacer eso, eran policías y no maestros.

La sed que tenía era mucha, no nos permitían beber agua, no nos dejaban ir al baño, no nos permitían dormir y mucho menos quejarnos del dolor causado por los golpes, si lo hacíamos, volvían a golpearnos y me preguntaban si quería un golpe más duro, para que me doliera y me quejara de verdad. Tengo sed, quiero ir al baño, gritaba el joven de al lado y se lo llevaron. Solo se escuchaban los gritos de dolor, lo mismo que hicieron conmigo, lo hicieron con él, cuando lo regresaron, ya no se podía sostener, pero tenía que mantenerse parado, eso por lo menos ayudaba un poco para no seguir siendo golpeado.

Más tarde llegaron varías personas, supuestamente de los Comisionados de Derechos Humanos, pero eran policías que querían saber lo qué queríamos decirles a los verdaderos visitadores de Derechos Humanos. Supimos que eran policías, porque ellos mismos ordenaron para que nos golpearan más y así obligarnos a no decir nada, ni denunciar la tortura ejercida por los policías al mando de Luis Carlos Nájera, quien en esa fecha era el jefe policíaco.

Esa noche fue muy tormentosa, la tortura era imparable, los gritos ensordecedores, las ofensas de los policías, las luces que daban directo a los ojos te segaban, métodos de tortura especializados para que no te dejarán marcas en el cuerpo, quizás efectivas, pero habían golpeado mucho que no pudieron ocular las marcas.

Ya de madrugada, fueron llevándose poco a poco a los detenidos, no sabíamos a donde, no podíamos comunicarnos con nadie, nadie sabía nada, a mí me llevaron a una celda que estaba separada de todo, ahí yacía un joven, tirado en el piso, encerrado y también con huellas de haber sido torturado, le pregunté cómo se llamaba, Freddy Carrillo, me dijo. Después se lo llevaron y a mí me dejaron en la misma celda, le preguntaba yo a los policías, por qué a mí me tenían separado, ellos me decían que a mí me iban a desaparecer, que me iban a matar. Más tarde trajeron a otro detenido, era un señor de unos sesenta años, lo había detenido por portar un rifle, pero estaba en su hacienda y portaba todos los papeles, según él me contó, de todos modos, lo detuvieron.

Ya era tarde cuando llegó un grupo de policías antimotines, hicieron una valla y empezaron a sacar a los detenidos de las celdas. Hasta ese momento, había pensado qué estaba solo, pues no había visto a nadie más y es porque nos habían separado, éramos unas quince personas, los ahí detenidos, nos obligaron a que pasáramos en medio de la valla formada por unos doscientos policías y mientras dos policías casi nos arrastraban entre ellos, los ahí formados, nos pateaban, nos escupían, nos amenazaban.

Nos sacaron de ese terrorífico sótano, por fin vimos la luz del día, era un alivio, aunque no sabíamos a dónde nos llevarían. Afuera de ese sótano había muchos más policías que bloqueaban las calles y ante ellos, grupos de personas que demandaban nuestra libertad.

"Presos políticos, libertad" cantaban al unísono, no podíamos verlos, pues nos habían vendado los ojos y subido a un camión completamente cerrado, sin embargo, escuchábamos su apoyo.

El traslado duró más de una hora, no teníamos ni la más remota idea de hacia adonde nos llevaban, uno de los detenidos, nos mencionó con voz temerosa, que nos llevaban a un lugar llamado "La Barranca", es un centro de tortura que usan los policías, allá es a donde se llevan a algunos detenidos, son unas bodegas que se encuentran en unas montañas, Según lo que el otro detenido comentó, es ahí donde los policías coludidos con la mafia mexicana, desaparecen a las personas, las matan y luego las tiran en algún campo o baldío, algunas otras, son entregadas a la mafia por los mismos policías y a cambio reciben jugosas cantidades de dinero.

Quizás todo eso puede ser cierto, no lo podríamos asegurar, la incertidumbre de no saber dónde estábamos o si íbamos a ser liberados, nos castigaba más que cualquier otro golpe en el cuerpo.

Cuando llegamos a ese lugar, lo primero que nos obligaron a hacer, fue a pararnos en fila, uno detrás del otro, con los pies abiertos, agachados y las manos en la nuca, así estuvimos más de una hora, no nos permitían levantar la cabeza ni hablar entre nosotros.

La sangre ya seca en nuestros rostros, lastimaba al querer hacer un gesto, el olor de nuestras ropas era insoportable, soportar el olor de los orines y la sangre ya seca, era insignificante comparado con lo que más tarde ahí nos harían.

Teníamos mucha hambre y sed, hasta ese momento, no nos habían dado ni siquiera una gota de agua, los policías comían frente a nosotros y se reían, tiraban comida frente a nuestros pies y la pisaban con sus botas, después pedían a uno de nosotros, que la comiera.

Se burlaban sin piedad, hacían caso omiso a nuestras demandas.

Detrás de la barda que estaba frente a nosotros, se escuchaban los gritos de las personas que en ese momento estaban siendo torturadas, era horrible pensar qué es lo que nos iban a hacer.

Después de un largo tiempo, llegaron varios policías, uniformados y vestidos de civil, nos separaron en grupos y nos trasladaron al interior de ese edificio, nos metieron a unas celdas de vidrio y nos sacaban uno por uno para seguir siendo torturados, me pusieron de rodillas, los policías presionaban mis pies con sus botas, me golpeaban con una toalla mojada, me agarraban del pelo, me volteaban hacia arriba y me cubrían el rostro con una toalla, después vaciaban agua sobre mi cara cubierta, esto, hasta que me estuviera ahogando, solo así pude beber, después me quitaban la toalla y me obligaban a ver como manoseaban a una joven detenida, golpeada y desnuda, pasaban sus penes sobre su rostro, la orinaron introducían sus dedos en ella, al mismo tiempo que me apuntaban a la cabeza con una pistola, me dispararon, la pistola no tenía balas, pero me amenazaron que la próxima no sería una broma, me amenazaron con hacerle eso a mi familia si no firmaba una supuesta declaración mía, por supuesto, declaración que ellos ya tenían preparada, no firme, resistí lo más que pude y después, arrastrándome, me trasladaron al interior de las bodegas, ahí dentro ya estaban los otros detenidos, también los habían torturado, a uno de ellos lo electrocutaron en los testículos, nos mantuvieron de rodillas toda la noche, sin dormir ni un momento, nos amenazaban y cada quince minutos llegaba otro grupo de policías y hacían lo mismo, toda la noche fue así, tortura psicológica, por lo menos ahí dentro, ya nos torturaron con agua, eso era un alivio, pues así pudimos ingerir un poco de agua mezclada con sangre.

Al amanecer, nos pidieron que hiciéramos nuestra declaración, pero yo pedí hacerla ante un Comisionado de Derechos Humanos, por su puesto la respuesta fue otra golpiza, después me volvieron a preguntar si ya estaba listo, pero no declaré nada.

Esa mañana, nos trasladaron a otro edificio, era la "Procuraduria General de Justicia", ahí, nos volvieron a encerrar, nos hicieron un chequeo médico, por supuesto, el médico era también un policía y en su diagnóstico, no aparecían secuelas golpes, la gente que estaba afuera del edificio, nos enviaron comida con los comisionados de Derechos Humanos.

Lloramos de alegría, mientras intentábamos comer, pues aún teníamos el rostro inflamado por los golpes, no habíamos comido desde que nos detuvieron en la noche del 28 de mayo.

Después de haber comido algo, me sentí mejor, claro, lo que más me hubiera gustado en ese momento es escuchar a Karla, seguramente, su voz me hubiera hecho olvidar el dolor causado por los golpes, pero fue imposible comunicarme con ella, no nos permitían hablar con nadie que estuviera en el exterior del edificio.

Esa noche ya no nos golpearon, nos dejaron dormir y por la mañana siguiente, nos sacaron de ese lugar, nos subieron a una patrulla y nos trasladaron, así otra vez, sin saber a dónde nos llevarían, al salir del inmueble, pudimos ver la gente parada sobre las banquetas, gente que nos apoyaba y pedía nuestra libertad, los letreros de apoyo, se podían leer en las calles.

Una patrulla llena de policías al frente y otra atrás y más adelante policías en motocicleta, nos abrían paso para que no nos detuviéramos en ningún semáforo, los dos policías ministeriales que nos custodiaban, iban armados con metralletas, no nos golpearon, recuerdo que uno de ellos me dijo, que ellos no eran como los cerdos que nos detuvieron, les di las gracias por eso, aunque al final también eran policías, al momento que me lo dijo, que empecé a cantar una canción que se llama "El Vals del Obrero" de la banda española Ska-P, no es que sea mi banda favorita, pero esa canción, nos motivó un poco, los otros detenidos cantaron conmigo mientras íbamos esposados en una patrulla que recorría las calles de la ciudad de Guadalajara, sin detenerse un instante y con las sirenas encendidas, al momento que otras más nos abrían paso entre esas calles.

El traslado duró como una hora hasta llegar a una caseta de vigilancia, donde ya nos esperaban otros policías, nos querían golpear también, pero los policías que nos custodiaban, les dijeron que si querían golpearnos, se tendrían que esperar hasta ya no estar bajo la custodia de ellos.

Llegamos al Centro penitenciario de máxima seguridad, "Puente grande".

Lo que yo conocía de ese Penal, es qué de ahí se había escapado el capo más grande y famoso de México, Joaquín "El Chapo Guzmán".

Al llegar, los policías que nos habían custodiado, hicieron la entrega oficial de nosotros a los policías internos de esa cárcel.

Otra vez, a pararse con los pies abiertos y las manos en la nuca, otra vez a sentir miedo, vivir de nuevo esa sensación de incertidumbre, nos causaba terror estar ahí, algunos de los compañeros detenidos, empezaron a llorar, al escucharlos, se me rodaban las lágrimas, lloraba en silencio, pues tenía miedo de volver a ser golpeado y sí, los policías nos volvieron a golpear en la cabeza, después no pasaron a un cuarto vacío, el piso estaba marcado con líneas amarillas, nos pasaron en grupos de cuatro o cinco y nos pidieron que nos desnudáramos, nos rociaron con agua fría, la alta presión con la que salía el agua, nos empujaba a la pared, nos derribaba y teníamos que volver a ponernos de pie para que los policías volvieran a rociarnos, era doloroso, pero así, ya por fin se nos quitaría el olor a orines y a sangre seca, aunque el agua levantara las costras de las cicatrices y dejaba abiertas las heridas, después nos pidieron que nos "bañáramos" y cuando terminamos, nos dieron una camisa y un pantalón de color café, nos vestimos y de inmediato teníamos que pasar a otro cuarto, ahí nos revisó un médico y él, si puso en su diagnóstico que teníamos huellas de golpes, después de terminar el análisis médico, nos pasaron a una cabina, nos tomaron fotografías y nuestras huellas, no durábamos ni diez minutos en cada cuarto, así pasamos ese día y ya en la tarde noche, nos trajeron comida en unas cajas, comimos muy rápido, pues solo nos dieron 5 minutos para comer, después nos trasladaron a un salón grande y ahí, otra vez nos formaron uno a lado del otro y nos dictaron las reglas y que ahí no importaban nuestros derechos, que los policías tenían todo el derecho de hacer con nosotros lo que les placiera, todos teníamos que contestar a todo con un "si señor oficial", nos amenazaban que si no lo hacíamos, recibiríamos un castigo.

Eran como las once de la noche cuando nos sacaron de ese cuarto y nos trasladaron caminando a otro lugar, el camino estaba señalado con una línea amarilla por la cual teníamos que caminar en silencio, las mallas eran tan altas y las puntas estaban enredadas con alambre de púas, las lámparas que solo alumbraban el angosto camino, eran tan intensas que no te permitían ver más allá de la malla, solo la línea amarilla pintada en el piso se podía distinguir, caminamos unos doscientos metros y llegamos a una puerta metálica, era muy grande, nos volvieron a entregar a otros policías, los que también nos amenazaron, nos condujeron por otro pasillo y subimos al segundo piso, eran las celdas de la cárcel, por lo menos eso habíamos pensado, ahí dentro, ya había otros detenidos, éramos trece personas en un espacio de cuatro metros cuadrados, no había espacio para acostarse y descansar un poco, todo apestaba horrible, no había un baño, así que teníamos que ingeniárnosla, para no dormir entre la mierda.

Los nuevos en la celda, habíamos creído que esa era la cárcel, hasta que alguien mencionó, que a ese lugar le llamaban "Los Separos", aún no estábamos verdaderamente en la cárcel, Eso significaba, qué aún teníamos oportunidad de salir libres, según lo que los otros comentaban, pero en realidad, todos vivíamos esa incertidumbre con temor, nos imaginábamos lo peor.

A la mañana siguiente, por fin pudimos ver la cara de los otros detenidos, recuerdo que ahí estaban un maestro, estudiantes, también estaba una persona que no podía hablar, pues algunos días antes, él había tenido una operación en la garganta.

Cada uno empezó a contar su historia de cómo habían sido detenidos y por qué, casi todos habíamos participado en la manifestación de diferentes formas, pero nadie había cometido algo ilegal, sin embargo la historia del "Mudo" así es como lo apodamos, la historia de él, fue muy impactante, pues el pobre había salido de su casa junto con su hermana menor, para ir a comprar unas medicinas que necesitaba para su tratamiento de recuperación, pero los policías lo detuvieron de forma arbitraria e ilegal, así nos detuvieron a todos.

Él estaba también golpeado, era triste ver cómo nos contaba su historia, tenía que estar escribiendo en pedazos de papel que nos encontramos tirados y luego una persona leía a todos lo que nos escribía, llorábamos, al escuchar todo, pero no nos podíamos abrazar, nuestro flácido cuerpos, dolían aún, teníamos que dormir, pero no cabíamos, dormimos sentados recargados uno con el otro.

Esa noche era incómoda para dormir, pero por lo menos, podíamos hacerlo, a la mañana siguiente nos despertamos muy temprano y como las nueve de la mañana, nos preocupó ver correr a los presos y aún más cuando escuchamos un grito que decía "ahí viene el Toro", no sabíamos a qué se referían, solo podíamos mirar a través de los barrotes de la ventana, la gente corría y portaba sus ollas, es por eso qué nos dimos cuenta de que se trataba de la comida, la podíamos oler cuando pasaba alguien frente a la ventana, "olía delicioso", quizás no lo estaba, pero el hambre que teníamos era mucha.

Esa mañana, tuvimos que conformarnos con el puro olor de la comida, a nosotros no nos dejaron salir de la celda y tampoco nos dieron de comer, así nos pasamos casi todo el día, hasta que de pronto, llegaron un grupo de presos, armados con cuchillos, tomaron las instalaciones y se dirigieron hasta la celda, donde estábamos, nos pidieron que nos pusiéramos de pie, otra vez el miedo nos atacó, pensamos que sería algo malo, pero uno de ellos nos dijo que miráramos hacia el piso, porque venía el jefe, fue tan impresionante escuchar cómo todos los demás detenidos de las otras celdas se quedaron cayados. Se acercó a la puerta un hombre mal encarado, así como los muestran en las películas, preguntó por Daniel Valdivia, pero él no podía contestar, así que contesté por él y luego nos preguntó cómo nos habían tratado los "cerdos" refiriéndose a los policías, nos dijo que no tuviéramos miedo, que él era el jefe ahí y que nadie nos iba a tocar, preguntó si ya habíamos comido y pidió que nos trajeran comida y cobijas, después gritó fuerte y amenazando a los demás, diciendo que si alguien se metía con nosotros, que se las iban a ver con él.

Comimos, recibimos algo para cubrirnos en la noche y cuando llegó "El Toro", pudimos comer también, un policía nos abrió la puerta de la celda y salimos a recibir nuestra comida y por fin pudimos caminar unos metros, nos formamos en fila y así como recibíamos la comida, teníamos que regresar rápido a la celda.

Esa tarde, pudimos por lo menos estar un poco felices, bueno, si es qué la felicidad se mide por cantidades.

Mientras comíamos, les empece a contar mi historia, les hablé de Karla Castro, en verdad la extrañaba yo demasiado, pero no podía hacer nada, no me podía yo comunicar con ella, solo me quedaba esperar. Las cosas allá afuera no andaban bien, El Gobierno de ese Estado, se había aferrado a encarcelarnos y estaban preparando una maraña orquestada desde lo más alto de la política, solapada por el que en ese entonces era Presidente de México, Vicente Fox Quesada.

Las manifestaciones para que nos liberaran continuaban, pero nada cambiaba, nosotros ya teníamos una semana encerrados, secuestrados, torturados y sin comunicación con nadie qué no fuera un empleado del gobierno.

A veces hay situaciones que se disfrazan de una forma tan sutil, para enajenar, si se trata de justicia, en los gobiernos dirigidos por el Partido Acción Nacional (PAN) y el Partido Revolucionario Institucional (PRI), la violación de los derechos humanos, era constante, las desapariciones de muchos campesinos, dirigentes políticos, activistas, eran cada vez más agresivas, los asesinatos de periodistas, cada vez iban en aumento, sin importarles si era de día o noche, el fin era eliminar a todo lo qué se opusiera, entorpeciera o podría entorpecer sus saqueos a la nación.

Para los políticos corruptos en el poder, nosotros representábamos algo más que eso, porque nosotros luchábamos en nombre de una sola premisa, crear consciencia. Sin embargo, en México, cuando gobernaban esos partidos políticos, era más peligroso ser estudiante, que ser un mafioso, si eres estudiante, significaba poner en riesgo sus intereses y privilegios privados, si eres mafioso, podrías trabajar en contubernio con cualquier político de esos Partidos.

Esa tarde nos divertimos mucho jugando y contando chistes, pero no podíamos reír tanto, porque los dolores, secuelas de la tortura, aún estaban presentes. A la hora de dormir, como siempre, nos turnamos los pequeños espacios para acostarnos un rato, así nos tuvieron hasta que a la mañana siguiente, nos sacaron de la celda, nos formaron en líneas, uno al lado del otro y nos dieron un número, nos dijeron que ese era el número de celda y dormitorio, nos separaron a todos, nos prohibieron reunirnos con más de dos personas, a mí me trasladaron a una celda con el número 37 en el dormitorio 11, era el último de los edificios, los presos que se acercaron a nosotros, me dijeron que a donde a mí me enviaron, era el más fuerte de los dormitorios, porque ahí estaban los jefes, era un Edificio restringido. Escoltado por dos policías, me trasladaron hasta ese dormitorio. La celda se ubicaba en la planta alta y ahí estaban los presos con los que a partir de esa tarde compartiría celda, eran personas que cumplían largas condenas, eran cuatro personas, un asaltante de Tráiler, un secuestrador y narcotraficante y dos sicarios, asesinos a sueldo. Era una escena muy diferente a lo que yo estaba acostumbrado, ya no eran Diputados o Senadores, Gobernadores, Periodistas, ni Artistas con los que conviviría, eran criminales, con escrúpulos sensiblemente aturdidos, por tan solo haberles tocado nacer en la pobreza.

Me dieron la bienvenida y me mencionaron las reglas a seguir dentro de los seis metros cuadrados, dos metros más y 9 personas menos en una celda, al fin algo de comodidad, el Secuestrador, era el Jefe de celda y trabajaba como uno de los cocineros de ese Penal, eso, era tener una ventaja enorme ahí dentro, te garantizaba la comida y no tendrías que hacer fila para obtenerla.

Uno de los detenidos iba a ser trasladado a otra cárcel y dejaría su cama libre, así qué, le ordenaron que dejara libre el espacio para mí y que él tenía que dormir en el piso.

La verdad suena bien, pues te imaginas que aún dentro de una cárcel hay gente buena, pero en realidad es que a mí me dio muchísimo miedo, pues la persona que habían bajado a dormir en el piso, era uno de los sicarios, una persona acostumbrada a matar, así que mi miedo era justificable, pues no sabía qué reacción iba a tomar en mi contra, le di las gracias a quien le dio la orden y le comenté, que para mí no había problema dormir en el piso, pero el sicario, se rio conmigo y tocándome el hombro, me dijo que no había problema, al contrario, le daba gusto que alguien como yo estuviera compartiendo celda con él, pues era uno de nuestros admiradores, ya que nosotros, con solo piedras y palos, pudimos enfrentarnos a más de dos mil policías y herir a muchos; sin embargo, él y su grupo, con metralletas y granadas, no pudieron hacerle frente a doce militares, "ustedes sí que tienen huevos" me dijo. Si ese hombre supiera qué lo único que hice, fue dar agua a los sedientos marchantes, mientras hacía yo mis entrevistas a los asistentes. Yo le di las gracias y él amablemente, recogió sus cosas y las bajo de la cama, me regaló una camisa y un pantalón, los otros me dijeron que a partir de ese momento, todos los que estábamos en esa celda, éramos como una familia y nos tocaba protegernos entre nosotros.

Por lo menos, sentí un poco de calidez humana, que ya me hacía falta.

Al paso de los días, la comunicación se fue consolidando y ellos me fueron contando sus historias, que triste enterarse de cómo vive la mayoría de los ciudadanos en México, esa precariedad a la que por décadas, han sido sometidos, les ha llevado a aceptar la corrupción como cultura, la delincuencia organizada o narcotráfico, son la alternativa inmediata a sobrevivir en ese cruel y despiadado mundo, una pobreza creada, fabricada especialmente por un partido político que sin ningún escrúpulo, pretendía mantenerse en el poder y seguir robando.

Los días se me hacían eternos, no podíamos hacer nada, solo nos tocaba esperar y caminar temerosos entre los reos, los procesos fueron tan lentos que la incertidumbre te volvía loco, "no existe nada más grande y cruel para devastar el cerebro humano, más que la incertidumbre".

Era lunes por la mañana cuando por los pasillos corría un joven mientras gritaba mi nombre, cuando me encontró, me dijo "corra Apa" llegaron sus abogados. Por fin me enteré qué tenía un abogado, pues en mi declaración, que solo fue mi nombre el que dije, también renuncié a tener un abogado de oficio, ya que esos funcionarios públicos, normalmente trabajan bajo las órdenes de quienes gobiernan y muchos forman parte de esa putrefacta cadena de corrupción.

De inicio, me representaría el abogado José Luis Guízar, un conocido abogado que ha representado a muchos personajes famosos y uno de sus casos más sonados, es el de liberar a grandes capos de la droga, pero mi proceso nada tenía que ver con ese tema, así que este renunció a mi caso y luego me asignaron a otro reconocido abogado.

En la primera querella, me quedé estupefacto al escuchar todo lo qué habían declarado los policías que me detuvieron, se habían inventado una historia, tan fantástica y surrealista que ni el autor de "Batman" se la hubiera creído. Según ellos, yo solo, lesioné a once policías, a los que les lanzaba yo macetas que aún hay en las calles y las cuales pesan más de doscientos kilos, una historia fantástica, si es que se estuviera contando una historia de ficción.

Me imputaban muchos delitos, que no cometí. Robo a mano armada, Terrorismo, asociación delictiva, lesiones de alto grado a policías, resistencia a la detención, daños en propiedad ajena, daños y obstrucción a las vías de comunicación y otros más, pero no obstante, también me señalaban cómo Líder de ese movimiento.

Mi abogado apeló a lo acusatorio, pero eso iba a durar mucho tiempo, el cual tendría yo que pasar injustamente encerrado.

En México, a diferencia de otros países, donde la justicia, primero acusa como sospechoso a alguien que quizás cometió un delito, hasta descubrir la verdad, aquí, en este país tan maravilloso, la justicia primero te condena como culpable y te refunden en una cárcel, hasta que se demuestre lo contrario, pero eso implica mucho tiempo y dinero, pues la corrupción dentro de los juzgados, es gigantesca, es por eso que cabe mencionar, que en las cárceles mexicanas, hay personas pagando condenas injustamente, tan solo por no haber tenido dinero, para solventar los gastos perversos durante su proceso.

En esa fecha, se llevaba a cabo un proceso político e histórico, el desafuero del Andrés

Manuel López Obrador, quien encabezaba el Gobierno de la ciudad de México, antes conocida como Distrito Federal, a quien lo desaforaron de una forma ilegal, violando todos los derechos políticos y civiles, con fin de evitar que se postulara a la candidatura, para la presidencia de México.

El principal actor de esa aberrante acción, fue el Expresidente Vicente Fox Quesada, quien públicamente declaró, que él, se encargaría de hacer hasta lo imposible, para que Andrés Manuel López Obrador, no llegara a la presidencia y efectivamente, él y su grupo de mafiosos solapados, se encargaron de ello.

Vicente Fox Quesada, fue el verdugo de las elecciones en el 2006, encabezó uno de los peores mandatos del país, durante su gestión, su grupo llamado "Amigos de Fox" se enriquecieron aún más, gracias a la corrupción que representa ese personaje.

En ese mismo tono, pero con una estrategia diferente y no tan mejor, el Gobernador del

Estado de Jalisco, Francisco Javier Ramírez Acuña, levantaba la mano de Felipe Calderón Hinojosa y lo declaraba cómo candidato virtuoso de su partido político a la presidencia de la república, esto aún cuándo no se habían realizado las elecciones internas de ese partido.

En su primera declaración como aspirante a la candidatura presidencial, Felipe Calderón(FECAL) anunciaba su primer y único plan de gobierno. "Mano dura, mano firme" contra la delincuencia, esto lo declaró, mientras nosotros estábamos siendo torturados y privados ilegalmente de nuestra libertad.

En en el 2006, Felipe Calderón, fue nombrado Presidente de México, bajo un proceso de fraude electoral.

Muchos periodistas hablaron del tema 28 de mayo y aun cuando se demostró la violación de los derechos humanos y la tortura de los detenidos, nadie hizo nada, al contrario, en el primer mes de mandato de Felipe

Calderón(FECAL), al torturador de Jalisco, Francisco Ramírez, lo nombraron Secretario de Gobierno y fue entonces, que el 13 de diciembre del 2006, en representación de todos los detenidos del 28 de mayo del 2004, le pusimos una denuncia penal ante la Procuraduria General de la República(PGR), por violación a los derechos humanos, tortura y encarcelamiento ilícito.

Ramírez Acuña fue el gobernador del Estado de Jalisco, sede del evento La Cumbre América Latina, el Caribe y la Unión Europea(ALCUE) y culpable de que, durante nuestra reclusión, fuimos torturados, igual que muchos otros de los 111 jóvenes detenidos ilegalmente, 45 de los cuales fuimos encerrados en el penal federal de Puente Grande.

Las violaciones a las garantías individuales cometidas contra los jóvenes, fueron documentadas en su momento, tanto por la Comisión Nacional de Derechos Humanos, como por Amnistía Internacional y Human Rights Watch, Según la recomendación emitida por la Comisión Nacional de Derechos Humanos(CNDH), la cual, el entonces gobernador del Estado de Jalisco, Francisco Ramírez Acuña negó aceptar.

"Durante la Cumbre se registraron 73 detenciones ilegales, 55 tratos crueles y degradantes, 73 incomunicaciones y 19 casos de tortura".

Los días dentro de la cárcel, se convirtieron en un mes y luego en otro, me ponía triste pensarlo, "saber que no podía saber", cuanto tiempo me quedaría ahí dentro.

Era aburrido estar encerrado, me ponía a escribirle a Karla, en mis renglones le contaba de mi experiencia, pero no de mi tortura, para no preocuparle, Escribí muchas cartas, tantas que me dolían los dedos por hacerlo, nunca supe si alguna vez leyó alguna, quizás ni se las entregaron, qué importa, escribirle, era mi forma de estar libre, de saber que la libertad, no solo radica corporalmente, sino, en el pensamiento crítico y analítico.

Cada vez que venía alguien a los locutorios, le entregaba yo las cartas, como lo dije, de ellas, nunca tuve respuesta alguna, quizás nunca quiso contestarlas, bueno, si es qué las leyó, pero no me importaba, yo seguía escribiéndole. Le contaba lo mucho que me gustaba cuando llegaba a pintar a mi espacio, cuando expusimos juntos, incluso, hasta ahora, aún cuelga en sus paredes una obra mía, un gran recuerdo del amor frustrado.

Las manifestaciones en apoyo a nosotros, para que nos dejaran en libertad continuaban exigiendo, se empezaron a involucrar más y más personas a la causa, artistas como, el vocalista de Panteón Rococó, Luis Román Ibarra también conocido como el "Dr. Shenka" quien nos visitó en penal, pues él siempre ha estado en favor de las causas sociales, que demandan justicia.

Se organizaron eventos de solidaridad, mis amigos que venían de Monterrey, se quedaron ahí, esperándome, hasta que recuperara mi libertad. Joselín Medrano y Celedonio Cruz, dos personajes incansables, que no luchan por ocupar un puesto político, sino por consciencia, dignidad y a la vez hartazgo de tanta injusticia.

Son ellos a quienes siempre les estaré agradecidos, por tanto apoyo brindado a mi persona, son ellos los que padecieron hambre y las inclemencias del tiempo, en una carpa montada en la plaza principal de la ciudad de Guadalajara, son ellos, los que permanecían en plantón, día y noche, a veces bajo la lluvia o frío, mientras tenían que soportar el odio cegado de la gente, odio motivado por lo que escupía en cada misa, el cardenal Juan Sandoval Íñiguez, quien se afanaba en condenarnos, tal cual inquisidor. Sin embargo, Joselín y Celedonio, eran aún más fuertes que las aberrantes declaraciones efímeras de un cardenal, ellos permanecían de pie, porque son personas con principios, que no los mueve nada más, que su propia ideología y consciencia.

Una de las personas más importantes que conocí en esa situación, fue Gabriela Juárez Piña, quien dedicó mucho tiempo y dinero a apoyarnos, nos buscó abogados, colaboró en muchos eventos, organizó una exposición con cuadros de las personas que pintaban conmigo dentro de la cárcel. Si, el aburrimiento allí dentro, era fatal y me puse a indagar, qué se podía hacer mientras iba a permanecer encerrado, así que me inscribí al taller de teatro y también organicé un taller de pintura, tenía que hacer algo para no entrar a una depresión.

Mientras pasaba el tiempo, los policías que custodiaban en el interior de la cárcel, nos tomaron confianza y me pidieron que difundiéramos las injusticias que ellos mismos padecían. Irónico, pero así estaba la situación, torturadores pidiendo un favor de clemencia a sus torturados.

Así pasaron poco a poco los meses y no se daba ninguna solución a nuestros casos, la espera, era eterna, la incertidumbre, derrumbaba las emociones, te llevaba al abismo, te enredaba en pensamientos que iban destruyendo toda creatividad, hasta llegar el vacío, allí donde los sentimientos, ya no forman parte de la libertad, sino de un conformismo decadente.

Meses después, Joselín y Celedonio, descubrieron que Harold, era un miembro activo del llamado (CISEN) que es el Centro de investigación y Seguridad Nacional, una institución creada para dar seguimiento y espiar a políticos, empresarios y activistas, prácticamente una policía secreta nacional.

Sin darme cuenta, Harold se introdujo en mí círculo de amigos, pues jamás hubiera yo sospechado qué era un policía, participaba en eventos, me visitaba y charlábamos así, como si nada, a veces caminábamos juntos y le comentaba yo de mis planes como artista, la verdad es qué no vi venir ese golpe terrible.

En el círculo en el que me desarrollo, me ha tocado sentarme a comer con empresarios, candidatos presidenciales, gobernadores, así como con campesinos, obreros, activistas y guerrilleros, cada uno me aportó algo a mi inspiración, sin embargo, estando encerrado, llegué a conocer el alma de muchos internos y aportaban mucho más que muchas personas con las que había convivido antes.

Los domingos eran sagrados para los ahí internos, pues venían sus familiares a visitarlos. Era bonito verlos llegar, abrazarlos, darles esperanza con un solo comentario "Ya pronto saldrás de aquí", a veces me conmovía tanta emoción, los miraba de lejos, pues yo no tenía familia cerca de ahí, además, siempre he mantenido en secreto a mi familia, para no causarles problemas, de hecho, nunca se enteraron de mi encierro, los amo tanto que no dejaría que alguien les hiciera algo malo.

Manuel Pereyra, uno de los también detenidos, siempre me invitaba a comer cuando lo visitaba su familia. Su padre cocinaba unos "chamorros de cerdo" riquísimos, algo que nunca antes había comido, jamás olvidaré ese gesto de solidaridad.

Los meses ya no se hacían tan largos, pues ya calculaba yo, qué mínimo, estaría preso un año, poco a poco fueron quitando cargos a mi proceso y eso podía agilizar el caso.

Ahí dentro, conocí a grandes personajes de la delincuencia organizada, a veces, daba miedo escucharlos, sus conversaciones sangrientas, me remontaban a las películas de Quentin Jerome Tarantino, pero me ofrecieron mucho apoyo estando dentro de esa horrible cárcel y es algo que siempre se los agradeceré, sin importar lo que ellos hagan, pues se sentía bien, saber que nadie te iba a tocar, gracias a esos personajes.

Daniel Valdivia "El mudo", se convirtió en mi mejor amigo, su familia, me aceptó tanto que me abrieron las puertas de su casa. Con él, sí que podía yo hablar de arte, de cine, de música, bueno, dije "hablar" y es que poco a poco fue recuperando su voz.

Una noche, eran como las dos de la madrugada, cuando llegaron policías armados e irrumpieron en la cárcel y nos sacaron semidormidos y en ropa interior, nos sentaron en el patio, uno detrás del otro y preguntaban "quienes eran los Globalifóbicos", pensé lo peor en ese momento, pero solo pretendían asustarnos.

En esos meses, ya me había cambiado de celda, pues uno de los propietarios de las tiendas en el interior de la cárcel, solicitó mi cambio a su celda. Que alivio, solo éramos tres personas ahí, tenía televisión, colchón para mí, comida fresca y hasta un teléfono, lo que más me sorprendía, era ver cómo cambió la actitud de los otros presos hacia mi persona, su forma de expresarse hacia mí, algunos me decían "Jefe" otros me llamaban "señor", había una persona que me lavaba la ropa, que hacía el aseo en la celda, así viví los últimos meses en esa cárcel, gracias a que a veces le ayudaba yo a atender su tienda de productos.

Siempre nos pasaban lista antes del desayuno, después de la comida también, pero ahí, cerraban las celdas y las abrían otra vez, como a las cuatro de la tarde y nuevamente después de la cena, eso me toco vivir los primeros meses, hasta que sucedió el cambio de celda, después no tenía que estar presente al momento de pasar lista después de la comida, pues los custodios sabían que estaba yo en la tienda de "Don Octavio" Siempre la misma rutina, día a día, hasta que una tarde, después de la cena, ya cuando estábamos encerrados en la celda, escuché la voz de un joven que corría mientras gritaba mi nombre.

Ese día, el 01 de junio del 2005, eran como las seis de la tarde, cuando el joven me dijo que tenía que presentarme urgente en la dirección, no sabía yo para qué me solicitaban, pero tenía que ir, Octavio, quien me dio cabida en la celda, me dijo que le dijera adiós, que me iba libre. No le creí, pero bueno, como quiera le di un abrazo y le agradecí por semejante gesto en una cárcel así. Los otros reos me gritaban "adiós

Globis", así me apodaron ahí dentro, "El Globis", por "Globalifóbico" o "altermundistas", sus gritos salían de las diminutas ventanas, me fui corriendo, hasta llegar a la dirección de la cárcel, me recibieron dos policías y me metieron a un cuarto, me tuvieron ahí toda la tarde hasta oscurecer, en el transcurso de ese tiempo, vinieron a despedirme varios policías, me desearon mucha suerte allá afuera después, ya cómo a las nueve de la noche, me pidieron que buscara entre las ropas algo que me quedara, para que me vistiera y luego me llevaron a otro cuarto, me indicaron firmar unas actas y me entregaron mi "acta de libertad", como a la media hora me pasaron a otro cuarto, hasta qué, ya como a las diez y media de la noche, llegaron unos policías, me custodiaron y trasladaron, pasé por varios puntos de control y luego me subieron a una patrulla y me trasladaron hasta la última caseta de la cárcel, ahí, ya había mucha gente esperándome, por fin, después de un año, pisaba yo suelo "libre" aunque en realidad era pasar de una cárcel a otra, pues afuera, también se sufren las injusticias de los gobernantes.

Lo único que quería en ese momento era irme, regresar a mi tierra y buscar a Karla Castro, abrazarla, pero mi consciencia, me hizo permanecer en Guadalajara, casi un año después, regresé y ya estando en mi ciudad, inicié una nueva vida.

El reconocimiento hacia mi persona fue muy diferente, era momento de crear algo nuevo y para eso, necesitaba yo contactarme con personas que anteriormente me habían apoyado. Ahí estaban, dispuestas a colaborar en un capítulo más de mi vida.

Mi llegada a la ciudad, fue exitosa, varios periodistas escribieron sus artículos inspirados en esa situación, entrevistas, eventos a los que jamás había sido invitado y que ahora me invitaban para inaugurarlos.

Una vez, después de regresar a la ciudad, visité el Antropolis, un Bar al que en ocasiones iba los fines de semana, ahí, vi a

Karla, pero la gente que me cuidaba, bloquearon para que ni yo, ni ella tuviéramos contacto, quizás ella, ni siquiera me vio.

Esa fue la última vez que la vi.

Una vez, estando en mi Galería "El color de los Sueños", llegaron varios autos lujosos y de uno de ellos, descendió un hombre y me saludó, me preguntó si se me ofrecía algo, me dijo que su jefe que estaba en Guadalajara, le había hablado de mí y le había ordenado que me apoyara en todo lo qué se me ofreciera, me preguntó que qué quería yo que hicieran con los policías que me habían detenido, que sabían quiénes eran y los tenían ubicados para poderlos "levantar" y desapareceros a la hora que yo quisiera, que solo tenía yo que ordenarlo.

Nunca en mi mundo me había puesto a pensar qué le haría a una persona que me torturó, quizás pude desearle lo mismo, sin embargo, cuando se tiene la oportunidad y la capacidad de hacerlo, pero no eres un criminal, entonces, te resignas a pensar en qué los pobres policías actuaron así por su ignorancia y obedeciendo una orden. Yo pude haber dado cualquier orden a esas personas, pero imagínate, los mafiosos llegarían a sus casas y los matarían, sin importarles que tengan familia o quizás los secuestrarían y luego los desaparecerían, me pregunto, para qué. Al final, terminé la conversación con un "Tranquilos" aún lo voy a pensar, eso para disimular el puto miedo que me causan esas personas, sobre todo sabiendo el poder que tienen aún estando encerrados.

Todo cambió para mí, pero yo me seguía preguntando, por qué España siempre da cavidad a los políticos corruptos de México, pero es de entender qué muchos empresarios españoles tienen negocios turbios en México y esa es una forma de gratificarlos, ocultarlos de la justicia mexicana y eso es lo que hicieron con Francisco Ramírez Acuña a quien lo nombraron embajador de México en ese país.

El último evento que tuve en México, fue pintar en vivo para la premier de la "Ópera Santa Anna" del escritor mexicano Carlos Fuentes, después me fui del país para nunca más volver, tres años después, me enteré de que el 15 de mayo del 2012, el maestro Carlos Fuentes falleció. Triste noticia, pues años antes había yo participado en una de sus más emblemáticas obras, así lo enunció en su nota, el periodista Jorge Vázquez Pacheco, quien cubrió la nota y describió mi trabajo así: "Su trabajo es altamente apreciado por un enorme colorido incrustado en una línea pictórica que no oculta las diversas influencias. Por momentos nos conduce hacia un neo Dadaísmo de contornos sumamente personales, mientras que en otros pone de manifiesto su talento en el manejo de las visiones surrealistas a la manera de un moderno Dalí".

Dieciocho años más tardes localicé a Karla Castro, fue a través de las redes sociales, nos escribimos, me contó de su vida en los últimos años, me pidió perdón, no sé de qué la tenía yo que perdonar.

Los partidos PAN y PRI, persisten en seguir mintiendo y engañando a la gente, su principal bastión, es la ignorancia, es por eso que insisten en recuperar sus privilegios y seguir apostando a la corrupción, es por eso que ahora buscan a sus principales aliados, la iglesia y los medios de comunicación, los que anteriormente se enriquecían hablando bonitos de los presidentes en turno y que ahora, con la administración y plan "No corrupción" del Presidente Andrés Manuel López Obrador, estos dos corruptos partidos políticos, invierten cantidades enormes de dinero en sus eventos populistas, dinero que han obtenido gracias a los actos corruptos en sus administraciones.

Es por eso que todo va a cambiar y pronto se verán en otras circunstancias.

El presidente se hará cargo de ellos con la justicia legal y el pueblo, los masacrará en las urnas de las elecciones.

Gracias a:
Gabriela Juárez, Alejandra Guillén, Joselín Medrano, Celedonio Cruz, Ernesto Cerda Serna, Miguel Jasso, Andrés Vela, Diego Enrique Osorno, Raymundo Pérez Arellano, Adriana Esthela Flores, Alfonso Ruiz, Santiago González, Gilberto Alvarado, Rosendo Peña, Xandra Xaavedra, Pablo Luna, Leticia Parra, Miguel Jasso, Roberto Guillén, Oscar Botello, Sergio Villarreal, Alejandro Martínez, Karla Castro, Bryan Durell, Daniel Terán, Moani Compean.

Dedicado a todos los que fuimos detenidos injustamente:

Jesús de Miguel Ramos Partida, Juan Salvador Lara Piña, Sergio Pérez Neufeld, Gerardo Ernesto Treviño Olvera, Raúl Morales Caballero, Mauricio Uribe García, Salvador Aranda Ramírez, Miguel Ángel León Flores, Eddy Marcelino García Gómez, Miguel Ángel Ramírez López, Jorge Octavio Castilla Gutiérrez, Arturo Rouzaud Fischer, Leonardo Rosales Delgado, Adrián Simón

Chávez Hernández, Juan Manuel Flores Herrera, Oswaldo Montes Asencio, Julio Cesar González Martínez, Liliana Galavíz López, Alicia Aleyda Torres Belmares , Miguel Ángel Medina Hernández, Oscar Chávez Castillo, Daniel Alejandro Olvera Sule, Ricardo Medina Ramos, Dagoberto Rivera Servin, José Martí García Espinoza, Ricardo Zaleta Colmenero, Norberto Alejandro Ulloa Martínez, Jesús Jearim Fernández Sagredo

Juan Carlos Flores González, Juan Manuel Barrios González, José Cruz Luján Sánchez, Francisco Felipe García, Francisco de Jesús Becerra Vázquez, José Luis Alejo Vázquez, José Miguel González López, Gerardo Alberto Corona Jiménez, Elsa Hernández Argüello, Freddy Javier Carrillo Márquez,

40.- Si, ese era yo, Manuel de Jesús Pereira Anguiano, Carvajal Ávila Eduardo, Edgar Flores Murillo o Muriño, Haydee Berenice García Rodríguez, Felipe de Jesús Landeros

Motín, Juan Carlos Ortega Castellanos, Jaime Daniel Vázquez Valdivia, Aaron Alejandro García García, Ramiro Daniel Flores Patricio.

Con dedicatoria especial a todos los que fueron expulsados y sin permiso a regresar a México por 3 años, gracias por su solidaridad sin fronteras:

Patrick Leet, Zanotti Mateo, John Domínguez, Juan Francisco Maestre Morales, Silvia Ordaz Amor, María Mar Rodríguez Jurado, Roxana Bestrin Fuentes, Laloue Desperrier Roux.

Todos somos Indios del mundo.